Copyright © Parragon Books Ltd

Text: Jillian Harker
Illustrationen: John Bendall-Brunello

Alle Rechte vorbehalten. Die vollständige oder auszugsweise Speicherung, Vervielfältigung oder Übertragung dieses Werkes, ob elektronisch, mechanisch, durch Fotokopie oder Aufzeichnung, ist ohne vorherige Genehmigung des Rechteinhabers urheberrechtlich untersagt.

Copyright © für die deutsche Ausgabe

Parragon Books Ltd
Queen Street House
4 Queen Street
Bath BA1 1HE, UK

Übersetzung aus dem Englischen:
Kathrin Jurgenowski (für rheinConcept)
Redaktion und Satz: rheinConcept, Wesseling
Koordination: trans texas GmbH, Köln

ISBN 978-1-4054-5436-0
Printed in Indonesia

Hab keine Angst, kleiner Löwe!

von
Jillian Harker

Illustrationen von
John Bendall-Brunello

„Kleiner Löwe", sagte Papa, „heute Abend gehen wir zusammen auf Entdeckungsreise."

Der kleine Löwe schaute auf zum Abendhimmel. Die Sonne verschwand hinter den Bäumen. Dunkle Schatten lagen auf der Steppe. Als sie aufbrachen, zitterte der kleine Löwe.

„Schau genau hin, kleiner Löwe.
Das ist doch bloß die Eule.
Hat sie dich erschreckt?"

„Hab keine Angst. Sie jagt hier jede Nacht", sagte Papa.

„Ach Papa", lachte der kleine Löwe. „Die Eule macht mir gar keine Angst, solange du nur bei mir bist."

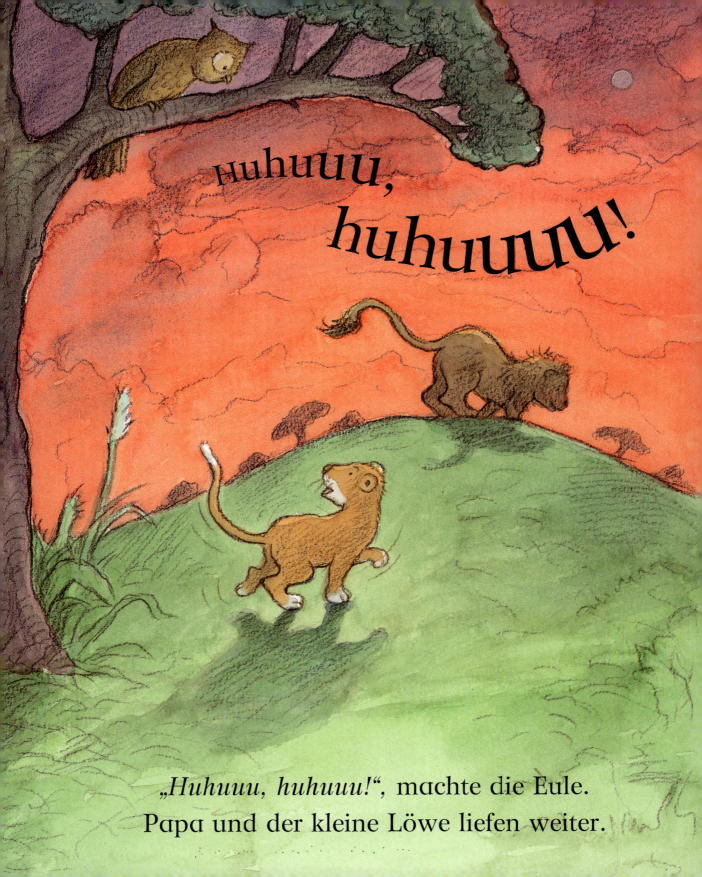

„*Huhuuu, huhuuu!*", machte die Eule.
Papa und der kleine Löwe liefen weiter.

Plötzlich blieb der kleine Löwe stehen. „Was hängt denn da vom Baum herunter? Es hat mich berührt!"

„Hab keine Angst. Sie schlängelt sich hier jede Nacht herunter", sagte Papa.

„Ach Papa", lachte der kleine Löwe. „Die Schlange macht mir gar keine Angst, solange du nur bei mir bist."

„*Sssss, Sssss!*", zischte die Schlange.
Papa und der kleine Löwe liefen weiter.

Plötzlich blieb der kleine Löwe stehen. „Was ist das für ein Geräusch hinter dem Baum? Ein riesiger schwarzer Schatten verfolgt mich!"

„Schau genau hin, kleiner Löwe.
Das ist doch bloß der Elefant.
Hat er dich erschreckt? Hab keine Angst.
Er trampelt hier jede Nacht herum", sagte Papa.

„Ach Papa", lachte der kleine Löwe. „Der Elefant macht mir gar keine Angst, solange du nur bei mir bist."

Tröö, tröö!

„*Tröö, tröö*", trompetete der Elefant.
Papa und der kleine Löwe
liefen weiter.

Plötzlich blieb Papa stehen.
„Was ist das?", fragte er.
„Huhuu, huhuu! Ssss, ssss! Trööö, trööö!"
Die Tiere stürzten auf Papa zu.

„Hab keine Angst!",
lachte der kleine Löwe
und schmiegte sich fest
an Papas Hals.

„Entschuldige Löwe, haben wir dich erschreckt?", fragten die Tiere. „Ach nein!", lachte Papa. „Ihr macht mir gar keine Angst, solange nur mein kleiner Löwe bei mir ist!"

Gemeinsam gingen der kleine Löwe und Papa nach Hause.